COMMENT

SE FAIT LA LOI

PAR

ALFRED BONSERGENT

ATTACHÉ A LA PRÉSIDENCE DU SÉNAT

I. La Constitution. — II. Le Pouvoir exécutif. — III. Le Sénat.
IV. La Chambre des députés.
V. Du rôle éventuel des Conseils généraux.
VI. La procédure parlementaire.

PARIS

BERGER-LEVRAULT & Cie, LIBRAIRES-ÉDITEURS

5, RUE DES BEAUX-ARTS

MÊME MAISON A NANCY

1881

COMMENT SE FAIT LA LOI

OUVRAGES DU MÊME AUTEUR

Procédure des débats parlementaires. (Brochure. Cotillon, éditeur.)

Rapports entre les deux Chambres en France et en Angleterre. (*Journal des Débats.*)

La Question du Sud (États-Unis). (Journal *la France.*)

Le Régime de la presse en Angleterre. (*Revue générale du droit.*)

Une Colonie anglaise (l'île Maurice). (*La Jeune France.*)

La Constitution anglaise. (*La Revue de France.*)

Les Indes anglaises. (*La Revue de France.*)

COMMENT SE FAIT LA LOI

PAR

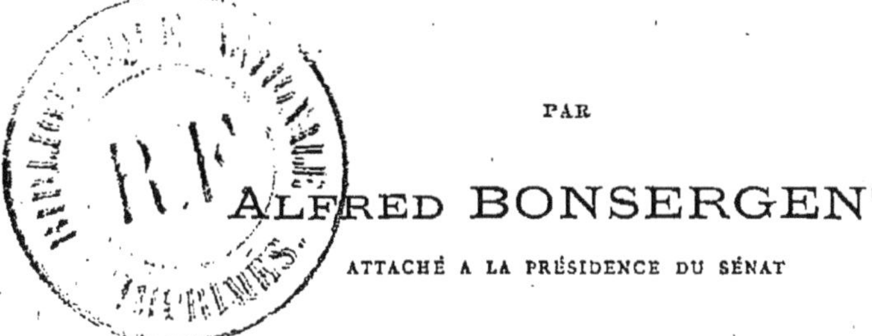

ALFRED BONSERGENT
ATTACHÉ A LA PRÉSIDENCE DU SÉNAT

I. La Constitution. — II. Le Pouvoir exécutif. — III. Le Sénat.
IV. La Chambre des députés.
V. Du rôle éventuel des Conseils généraux.
VI. La procédure parlementaire.

PARIS
BERGER-LEVRAULT & Cie, LIBRAIRES-ÉDITEURS
5, RUE DES BEAUX-ARTS
MÊME MAISON A NANCY

1881

AVANT-PROPOS

Tout le monde aujourd'hui s'intéresse aux discussions politiques ; il n'est besoin pour s'en convaincre que de voir l'avidité avec laquelle le public se jette sur les journaux les soirs des grands débats dans l'une ou l'autre Chambre, ainsi que le nombre de plus en plus considérable des personnes qui se pressent, à chaque séance, dans les tribunes du Sénat et de la Chambre des députés.

Ce n'est pas seulement par vaine curiosité, mais bien plutôt par désir de se rendre compte des affaires du pays.

Malheureusement beaucoup de ces lecteurs et de ces auditeurs se trouvent empêchés, dès les premiers mots, de suivre dans leurs développements les questions parlementaires dont il s'agit, à cause de la technicité des termes employés et de la procédure toute particulière à laquelle elles sont soumises.

Les lois constitutionnelles, les lois électorales, les règlements des deux Chambres, sont d'une lecture et d'une compréhension malaisées pour qui n'en possède pas la pratique constante.

Il existe déjà un très-grand nombre d'ouvrages, et des plus remarquables sur les matières parlementaires; nous citerons en première ligne le *Traité de la confection des lois de M. Valette,* ancien secrétaire général de la Chambre des députés, et le *Traité pratique de droit parlementaire* de MM. Jules Poudra et Eugène Pierre, deux hauts fonctionnaires de la Chambre des députés actuelle, mais ces ouvrages de haute science ne peuvent s'adresser à la masse du public.

L'œuvre que nous entreprenons ici est beaucoup plus modeste, elle consiste à mettre à la portée de tous l'étude jusqu'alors si ardue, presque inaccessible des choses de la politique, c'est une œuvre de vulgarisation, un résumé aussi succinct, aussi complet que possible de tous les textes de lois, de tous les articles des règlements qui se trouvent disséminés dans de gros volumes.

Nous avons voulu permettre à chacun de suivre, sans difficulté, la marche de la loi, depuis le moment où elle arrive aux Chambres sous la forme de projets et de propositions, jusqu'au jour où elle revêt, dans les colonnes du *Journal officiel,* son caractère définitif, en groupant dans un petit opuscule de quelques pages, d'un prix très-modique, dans un ordre rationnel, tous ces textes de lois, tous ces articles de la Constitution et des règlements auxquels on ne saurait ou on ne pourrait recourir.

Une première tentative, couronnée de succès, nous a engagé à soumettre au public, sous ce titre plus frappant : *Comment se fait la loi,* une nouvelle édition, revue et considérablement augmentée, de la brochure sur la *procédure des débats parlementaires,* publiée en 1878 par l'éditeur Cotillon; nous espérons que le public lui fera le même accueil bienveillant.

A. B.

COMMENT SE FAIT LA LOI

CHAPITRE I.

La Constitution.

La Constitution actuellement en vigueur a été adoptée, par l'Assemblée nationale, dans ses séances des 24 et 25 février 1875.

L'article 2 de la loi du 20 novembre 1873 qui confiait le Pouvoir exécutif, pour sept ans, au maréchal de Mac-Mahon, duc de Magenta, portait que, dans les trois jours qui suivraient la promulgation de la loi, une commission de trente membres serait nommée, en séance publique, et au scrutin de liste, pour l'examen des lois constitutionnelles.

La commission prescrite par cet article fut, en effet, élue dans les séances des 26, 27, 28 et 29 novembre, 1er, 2, 3 et 4 décembre 1873.

L'Assemblée vota, sur le rapport de cette commission, la loi du 24 février 1875, relative à la composition du Sénat, et la loi du 25 février sur l'organisation des Pouvoirs publics.

Cette première commission ayant donné sa démission, une seconde commission fut nommée le 25 et le 26 mai 1875 et rapporta les trois projets de loi relatifs aux rapports des pouvoirs publics, à l'élection des sénateurs et à l'élection des députés; l'Assemblée adopta ces projets dans les séances des 16 juillet, 2 août et 30 novembre 1875.

La Constitution est révisable. La demande de révision des lois constitutionnelles peut être faite soit spontanément, par délibération prise dans chacune des deux Chambres, à la majorité absolue des voix, soit sur la demande du Président de la République et dans les mêmes conditions.

Une exception avait été faite en faveur du maréchal de Mac-Mahon, et le dernier paragraphe de l'article 8 de la loi du 25 février 1875 portait que, pendant la durée des pouvoirs conférés par la loi du 20 novembre 1873 à M. le maréchal de Mac-Mahon, cette révision ne pouvait avoir lieu que sur la proposition du Président de la République.

CHAPITRE II.

Le Pouvoir exécutif.

La loi du 25 février 1875, relative à l'organisation des Pouvoirs publics, règle les pouvoirs du Président de la République, ainsi que son mode de nomination.

Précédemment, la loi du 20 novembre 1875 s'expliquait en ces termes :

Article 1er. — Le Pouvoir exécutif est confié pour sept ans au maréchal de Mac-Mahon, duc de Magenta, à partir de la promulgation de la présente loi — le 23 novembre 1873 ; — ce pouvoir continuera à être exercé avec le titre de Président de la République et dans les conditions actuelles, jusqu'aux modifications qui pourraient y être apportées par les lois constitutionnelles.

Le titre de Président de la République fut substitué, en faveur de M. Thiers, par l'article 1er de la loi du 31 août 1871, à celui de Chef du Pouvoir exécutif, qui avait été créé par la résolution du 17 février 1871.

Le maréchal de Mac-Mahon, qui succéda à

M. Thiers, démissionnaire le 24 mai 1873, exerça le pouvoir, sous ce titre, dans les conditions exceptionnelles qui lui étaient faites par la loi du 20 novembre 1873 et que confirmèrent les termes du dernier paragraphe de l'article 8 de la loi du 25 février 1875.

Les conditions définitives de l'exercice du Pouvoir exécutif sont stipulées dans l'article 2 de la loi du 25 février 1875.

Le Président de la République est élu, à la majorité absolue des suffrages, par le Sénat et la Chambre des députés, réunis en Assemblée nationale.

La majorité absolue s'obtient par la moitié plus un des suffrages exprimés, pourvu toutefois que ces suffrages exprimés représentent eux-mêmes la moitié plus un des membres composant l'Assemblée, contrairement à la majorité relative, qui s'obtient par le plus grand nombre des suffrages exprimés, quel que soit d'ailleurs le nombre des votants.

La réunion du Sénat et de la Chambre des députés, en Assemblée nationale, ne peut avoir lieu qu'à Versailles, en vertu de la loi du 19 juin 1879, qui fixe le siége des Chambres à Paris, abrogeant l'article 9 de la loi constitutionnelle du 25 février 1875, qui avait décidé que leur siége serait à Versailles.

Le Président de la République est nommé pour sept ans et il est rééligible.

L'article 3 de la même loi du 25 février 1875 dispose que le Président de la République a l'initiative des lois, concurremment avec les membres des deux Chambres.

Il communique, en outre, avec les Chambres, par des messages, qui sont lus à la tribune par un ministre.

Les conditions de présentation des lois émanant du Pouvoir exécutif et qu'il soumet aux votes des Chambres diffèrent des conditions de présentation des lois proposées par les membres des deux Chambres en ce qu'elles sont de droit renvoyées à une commission spéciale qui les étudie et qu'elles prennent le nom de projets de lois, tandis que les lois proposées par les membres de chacune des deux Chambres sont préalablement soumises à l'examen d'une commission, dite d'initiative parlementaire, nommée chaque mois dans chacune des deux Chambres.

Quant à la suite donnée aux projets de lois, elle est en tous points semblable à celle donnée aux propositions de lois; ils doivent, les uns comme les autres, être rapportés devant les Chambres et discutés dans chacune d'elles.

Au Président de la République appartient la promulgation de la loi, lorsqu'elle a été votée par les deux Chambres. Néanmoins, le Président de la République peut, dans le délai fixé pour la promulgation, demander, par un message motivé, aux deux Chambres une nouvelle délibération, qui ne saurait lui être refusée.

La promulgation des lois doit avoir lieu dans le mois qui suit la transmission au Gouvernement de la loi adoptée. Ce délai est réduit à trois jours quand, par un vote exprès dans l'une des deux Chambres, la loi aura été déclarée urgente.

La promulgation des lois et décrets résulte, conformément à l'article 1er du décret du 5 novembre 1870, de leur insertion au *Journal officiel* de la République, lequel remplace, à cet égard, le *Bulletin des lois*. Le Président de la République est encore chargé de surveiller et d'assurer l'exécution de la loi.

Les droits qui lui sont conférés par la même loi constitutionnelle sont : le droit de grâce, -- les amnisties ne peuvent être accordées que par une loi — le droit de disposer de la force armée, de nommer à tous les emplois civils et militaires. Il préside aux solennités nationales; les envoyés et ambassadeurs des puissances étrangères sont accrédités auprès de lui; il nomme, en Conseil des ministres, les conseillers d'État en service ordinaire.

Mais, ajoute le dernier paragraphe de l'article 3, chacun des actes du Président de la République doit être contresigné par un ministre. Le Président de la République négocie et ratifie les traités, sous la réserve d'en donner connaissance aux Chambres, aussitôt que l'intérêt et la sûreté de l'État le permettent.

Nulle cession, nul échange, nulle annexion de territoire ne peut avoir lieu qu'en vertu d'une loi. De même, il ne saurait déclarer la guerre sans l'assentiment préalable des deux Chambres.

Quant à la nomination des ministres, aucun article des lois constitutionnelles n'en faisant mention, il faut se rapporter aux lois des 17 février et

31 août 1871, dont l'article unique dit : le Chef du Pouvoir exécutif (aujourd'hui le Président de la République) exercera ses fonctions avec le concours des ministres qu'il aura choisis et qu'il présidera.

Aux termes de l'article 2, 5e paragraphe, de la loi du 31 août 1871, le Président de la République nomme et révoque les ministres.

Ceux-ci ont leur entrée dans les deux Chambres et doivent être entendus quand ils le demandent. Ils peuvent se faire assister par des commissaires désignés pour la discussion d'un projet de loi déterminé par décret du Président de la République.

Les ministres actuellement en fonction sont au nombre de douze : le garde des sceaux ministre de la justice, le ministre des affaires étrangères, de l'intérieur, des finances, de la guerre, de la marine, de l'instruction publique et des cultes, des travaux publics, de l'agriculture, des postes et télégraphes, du commerce et des colonies et le ministre des arts, sous la présidence d'un ministre spécialement délégué, qui porte le titre de président du Conseil.

Les ministres sont solidairement responsables devant les Chambres de la politique générale du

Gouvernement et individuellement de leurs actes personnels.

Le Président de la République n'est responsable que dans le cas de haute trahison. En ce cas, il ne peut être mis en accusation que par la Chambre des députés et ne peut être jugé que par le Sénat, constitué en haute cour de justice.

Une loi déterminera le mode de procéder pour l'accusation, l'instruction et le jugement.

Quant aux ministres, ils peuvent être mis en accusation par la Chambre des députés pour crimes commis dans l'exercice de leurs fonctions. En ce cas, ils sont jugés par le Sénat.

Le Président de la République détient, en vertu de la même loi du 25 février 1875, le droit, sur l'avis conforme du Sénat, de dissoudre la Chambre des députés, avant l'expiration légale de son mandat.

Le maréchal de Mac-Mahon usa de ce droit le 25 juin 1877.

Mais, en ce cas, le Président de la République doit convoquer les colléges électoraux pour de nouvelles élections dans le délai de trois mois. Si, dans ce délai, le Président de la République venait à décéder ou à démissionner, l'ouverture des collèges électoraux aurait lieu immédiatement, et, après la période légale de vingt jours, il serait procédé aux nouvelles élections.

Dans l'intervalle, le Conseil des ministres est investi du Pouvoir exécutif, et le Sénat se réunit de plein droit. Mais son rôle se borne alors à contrôler et à surveiller le Conseil des ministres jusqu'à la réunion des Chambres. Il ne possède qu'un pouvoir d'intérim et ne peut faire aucun acte de législateur; et la réunion des deux Chambres en Assemblée nationale, pour la nomination d'un nouveau Président, a lieu aussitôt après l'élection de la nouvelle Chambre.

Dans les circonstances normales, c'est-à-dire dans le cours d'une session, ou même d'une législature, lorsqu'une vacance par décès, par démission, ou par toute autre cause vient à se produire, les Chambres se réunissent de plein droit et procèdent immédiatement à la nomination du nouveau Président de la République.

CHAPITRE III.

Le Sénat.

Le Pouvoir législatif, dit l'article 1er de la loi du 25 février 1875, s'exerce par deux Assemblées, la Chambre des députés et le Sénat, dans les mêmes conditions, sauf en ce qui concerne les questions de finances.

L'article 8 de la loi du 24 février 1875 dit, en effet, que les lois de finances doivent être en premier lieu présentées à la Chambre des députés et votées par elle.

Au sujet du droit du Sénat de rétablir ou de supprimer, par voie d'amendement, des crédits précédemment votés par la Chambre des députés, un grave débat s'ouvrit à la Chambre des députés, dans la séance du 28 décembre 1876.

M. Gambetta, président de la Commission du budget, contesta le droit dont le Sénat avait usé en rétablissant des crédits supprimés par la Chambre, et M. Jules Simon, président du Conseil, soutint ce droit. La Chambre des députés lui donna raison, et cette décision de la Chambre tient lieu de jurisprudence.

Le Sénat se compose de trois cents membres, deux cent vingt-cinq élus par les départements et les colonies et soixante-quinze élus par l'Assemblée nationale.

Les conditions d'éligibilité pour le Sénat sont : 1° d'être Français, 2° d'être âgé d'au moins quarante ans et de jouir de ses droits civils et politiques.

Il existe toutefois certaines incompatibilités entre le mandat de sénateur et les fonctions suivantes : celles de conseiller d'État et de maître des requêtes, de préfets et sous-préfets, à l'exception du préfet de la Seine et du préfet de police, de membres des parquets des cours d'appel et des tribunaux de première instance, à l'exception du procureur général près de la Cour de Paris, de trésorier-payeur général, de receveur particulier et d'employés des administrations centrales des ministères.

En dehors de ces exclusions définitives pour le mandat de sénateur, sont frappés d'exclusion temporaire, dans le département ou la colonie compris en tout ou en partie dans leur ressort, pendant l'exercice de leurs fonctions et pendant les six mois qui suivent la cessation de leurs fonctions par démission, destitution, changement de résidence ou de toute autre manière, les premiers présidents et les membres des parquets des cours d'appel, les présidents, vice-présidents, les juges d'instruction et les membres des parquets des tribunaux de première instance, les préfets, sous-préfets et secrétaires généraux de préfecture, le préfet de police, les gouverneurs de l'intérieur et les secrétaires généraux des colonies, les ingénieurs en chef et d'arrondissement, les agents voyers en chef et d'arrondissement, les recteurs et inspecteurs d'académie, les inspecteurs des écoles primaires, les archevêques, évêques et vicaires généraux, les officiers de tous grades de l'armée de terre et de mer, les intendants divisionnaires et les sous-intendants militaires, les trésoriers-payeurs généraux, les receveurs particuliers des finances, les directeurs des contributions directes et indirectes, les directeurs de l'enregistrement et des domaines, les directeurs des postes, et les conservateurs et inspecteurs des forêts.

Le mode d'élection des sénateurs a été réglé de la manière suivante : pour les départements et les colonies, les sénateurs sont élus à la majorité absolue, et, quand il y a lieu, au scrutin de liste, par un collége réuni au chef-lieu du département ou de la colonie, et composé : 1° des députés; 2° des conseillers généraux; 3° des conseillers d'arrondissement; 4° des délégués élus, par chaque conseil municipal, parmi les électeurs de la commune.

Par ces mots : « les électeurs de la commune », il ne faut pas entendre seulement les citoyens inscrits sur la liste électorale municipale, dressée en vertu de la loi du 7 juillet 1874, mais encore les citoyens inscrits sur la liste électorale politique.

Le choix des conseils municipaux peut porter sur les électeurs politiques de la commune comme sur les électeurs municipaux.

Un décret du Président de la République, rendu au moins six semaines à l'avance, fixe le jour où doivent avoir lieu les élections pour le Sénat et en même temps celui où doivent être choisis les délégués des conseils municipaux. Un intervalle d'au moins un mois doit exister entre le choix de ces délégués et l'élection à laquelle ils sont appelés à procéder.

L'élection des délégués se fait sans débats, au scrutin secret, à la majorité absolue des suffrages. La réunion se tient sous la présidence du maire, s'il ne fait pas partie du conseil municipal. Immédiatement après la nomination du délégué, la réunion nomme un suppléant, qui remplace le délégué en cas de refus ou d'empêchement.

Dans les communes où il existe une commission municipale, le délégué et le suppléant sont nommés par l'ancien conseil.

Au jour fixé par le décret du Président de la République, le collége électoral se réunit et procède à l'élection des sénateurs. Le premier scrutin est ouvert à 8 heures du matin et fermé à midi, le second à 2 heures et fermé à 4 heures, et le troisième ouvert à 6 heures et fermé à 8 heures du soir.

Les réunions électorales sénatoriales peuvent commencer le jour même de la nomination des délégués et se continuer jusqu'au jour du vote inclusivement, sous la condition expresse d'une déclaration faite, la veille au plus tard, par sept électeurs sénatoriaux de l'arrondissement et indiquant le local, le jour et l'heure où la réunion doit avoir lieu, ainsi que les noms, professions et domiciles des candidats qui s'y présenteront.

Le bureau opère le recensement des scrutins, qui sont proclamés le même jour par le président du collége électoral.

L'élection pour les deux premiers tours de scrutin a lieu à la majorité absolue des suffrages, qui doivent égaler le quart des électeurs inscrits; pour le troisième tour de scrutin, la majorité relative suffit, et, en cas d'égalité de suffrages, le plus âgé des candidats est élu.

Dans l'Inde française et dans les colonies, les membres du conseil colonial et des conseils locaux sont substitués aux conseillers généraux, aux conseillers d'arrondissement et aux délégués des conseils municipaux. Ils votent au chef-lieu de chaque établissement.

L'article 1er du décret du 13 juin 1872 institue des conseils locaux, pour l'Inde française, dans les cinq établissements de Pondichéry, de Chandernagor, de Karikal, de Mahé et de Yanaon, et un conseil colonial à Pondichéry.

Les conseils locaux sont élus par le suffrage universel, moitié par les Européens résidants, moitié par les indigènes, et se composent de 12 membres à Pondichéry, de 6 à Chandernagor, de 8 à Karikal, de 4 à Mahé, de 4 à Yanaon. Le chef de service de chacun des cinq établissements est président de droit du conseil.

Le conseil colonial se compose de 12 membres, dont 5 de droit et 7 élus par les conseils locaux. Ces 12 conseillers coloniaux joints aux 39 conseillers locaux forment un total de 51 électeurs sénatoriaux, réunis en un collége sous la présidence du président du tribunal civil du chef-lieu de la colonie. Le président est assisté des deux plus âgés et des deux plus jeunes électeurs présents à l'ouverture de la séance.

La durée du mandat sénatorial est fixée à neuf années.

Au début de la première session, en 1876, conformément aux prescriptions de l'article 6 de la loi du 24 février 1875, les départements furent divisés en trois séries, contenant chacune un nombre égal de sénateurs, soit 75. Il fut ensuite procédé, par voie de tirage au sort, à la désignation des séries qui devaient être renouvelées à l'ex-

piration de la première et de la deuxième période triennale.

On adopta le système de la répartition des départements en trois séries, suivant l'ordre alphabétique, pur et simple, en plaçant dans chaque série un des départements de l'Algérie et une ou plusieurs des colonies.

La première série A, comprenant les départements de l'Ain au Gard, avec Alger, la Guadeloupe et la Réunion ; la seconde série B, comprenant les départements de la Haute-Garonne à l'Oise, avec Constantine et la Martinique ; la troisième série C, comprenant les départements de l'Orne à l'Yonne, avec Oran et les Indes françaises. Le sort décida que la série B serait renouvelée la première, la série C la seconde et la série A la troisième.

Le premier renouvellement triennal s'opéra le 5 janvier 1879.

Si par décès ou démission, le nombre des sénateurs d'un département est réduit de moitié, il est pourvu aux vacances dans le délai de trois mois, à moins que ces vacances ne surviennent dans les douze mois qui précèdent le renouvellement triennal.

A l'époque fixée pour ce renouvellement, il est pourvu à toutes les vacances qui se sont produites, quel qu'en soit le nombre et quelle qu'en soit la date.

Quant à l'élection des sénateurs inamovibles, la procédure en est tout autre; les premiers 75 inamovibles furent élus par l'Assemblée nationale, en séance publique, au scrutin de liste, à la majorité absolue des votants.

Au fur et à mesure des vacances qui se produisent dans le cadre des sénateurs inamovibles, le Sénat procède à leur remplacement dans la forme suivante : le Sénat fixe au moins huit jours à l'avance la date de l'élection en séance publique, dans le délai de deux mois à partir du jour du décès du sénateur inamovible qu'il doit remplacer.

L'élection a lieu en séance publique, à la majorité absolue des suffrages, quel que soit le nombre des épreuves.

Le résultat de l'élection est annoncé, en séance publique, immédiatement après le dépouillement du scrutin, mais l'élu n'est proclamé sénateur que trois jours francs après le jour de l'élection.

Ce délai est exigé afin de permettre à toute réclamation de se produire contre l'élection, et, en cas de réclamation, la proclamation n'est faite qu'après décision du Sénat sur la capacité de l'élu. Le Sénat statue sans renvoi aux bureaux.

Pour la nomination des sénateurs des départements, les résultats des scrutins sont recensés par le bureau du collége électoral et proclamés le même jour par le président du collége.

Les procès-verbaux des opérations électorales sont adressés par le préfet, et, dans les colonies, par le directeur de l'intérieur, au ministre de l'intérieur, qui les transmet au président du Sénat.

Ces procès-verbaux, avec les pièces justificatives, sont répartis entre les bureaux du Sénat, par ordre alphabétique de départements, et soumis d'abord à l'examen de commissions de trois membres formées, dans chaque bureau, par voie du sort. Un sénateur choisi dans chaque bureau est chargé de présenter le rapport sur chacune des élections, et le Sénat, en séance publique, adopte ou rejette les conclusions du rapport.

Le président du Sénat proclame l'admission des sénateurs dont les pouvoirs ont été déclarés valides. Les sénateurs dont les pouvoirs n'ont pas encore été validés peuvent prendre part aux délibérations et aux votes du Sénat. Il n'en est pas de même pour le sénateur dont l'admission, par suite de contestation à son élection, a été ajournée; bien qu'ayant droit de siéger, il ne peut prendre part aux votes.

Les membres du Sénat reçoivent une indemnité de 9,000 francs par an. Cette indemnité peut être saisie, même en totalité.

Voici, par ordre alphabétique, le tableau du nombre des sénateurs à élire par chaque département et colonie :

DÉPARTEMENTS.		DÉPARTEMENTS.	
Ain	2	Calvados	3
Aisne	3	Charente	2
Allier	3	Charente-Inférieure	3
Alpes (Basses-)	2	Cher	2
Alpes (Hautes-)	2	Corrèze	2
Alpes-Maritimes	2	Corse	2
Ardèche	2	Côte-d'Or	2
Ardennes	2	Côtes-du-Nord	4
Ariége	2	Creuse	2
Aube	2	Dordogne	3
Aude	2	Doubs	2
Aveyron	2	Drôme	2
Bouches-du-Rhône	3	Eure	2

DÉPARTEMENTS.		DÉPARTEMENTS.	
Eure-et-Loir	2	Nord	5
Finistère	4	Oise	3
Gard	3	Orne	3
Garonne (Haute-)	3	Pas-de-Calais	4
Gers	2	Puy-de-Dôme	3
Gironde	4	Pyrénées (Basses-)	3
Hérault	3	Pyrénées (Hautes-)	2
Ille-et-Vilaine	3	Pyrénées-Orientales	2
Indre	2	Rhin (Haut-), territoire de Belfort	1
Indre-et-Loire	2	Rhône	4
Isère	3	Saône (Haute-)	2
Jura	2	Saône-et-Loire	3
Landes	2	Sarthe	3
Loir-et-Cher	2	Savoie	2
Loire	3	Savoie (Haute-)	2
Loire (Haute-)	2	Seine	5
Loire-Inférieure	3	Seine-Inférieure	4
Loiret	2	Seine-et-Marne	2
Lot	2	Seine-et-Oise	3
Lot-et-Garonne	2	Sèvres (Deux-)	2
Lozère	2	Somme	3
Maine-et-Loire	3	Tarn	2
Manche	3	Tarn-et-Garonne	2
Marne	2	Var	2
Marne (Haute-)	2	Vaucluse	2
Meurthe-et-Moselle	2	Vendée	3
Meuse	2	Vienne	2
Morbihan	3	Vienne (Haute-)	2
Nièvre	2		

DÉPARTEMENTS.		DÉPARTEMENTS.	
Vosges	3		
Yonne	2	COLONIES.	
ALGÉRIE.		Martinique	1
Alger	1	Guadeloupe	1
Oran	1	Réunion	1
Constantine	1	Inde française	1

qui donnent pour les départements, l'Algérie et les colonies un total de 225 sénateurs, auxquels il faut ajouter les 75 sénateurs inamovibles, ce qui forme un total général de 300 membres.

CHAPITRE IV.

La Chambre des députés.

Le Pouvoir législatif, dit l'article 1er de la loi du 25 février 1875, s'exerce par deux assemblées, le Sénat et la Chambre des députés.

Nous avons vu au chapitre précédent comment se recrute le Sénat, nous étudierons dans le présent chapitre la façon dont se recrute la Chambre des députés.

La Chambre des députés est nommée par le suffrage universel.

La loi du 30 novembre 1875, complétée par la loi du 24 décembre de la même année et enfin par la loi du 29 juillet 1881, tendant à modifier le tableau des circonscriptions électorales annexé à la loi du 24 décembre 1875 et à augmenter la représentation de l'Algérie et des colonies, ces trois lois règlent le mode d'élection des députés.

Est éligible comme député, tout électeur, sans condition de cens, à l'âge de vingt-cinq ans accomplis. Ne peuvent cependant être nommés députés, pour cause d'incompatibilité, les militaires ou marins faisant partie des armées de terre ou de mer, quels que soient leurs grades ou leurs fonctions.

Cette disposition ne s'applique pas à la réserve de l'armée active, ni à l'armée territoriale; elle est applicable aux militaires ou marins en disponibilité ou en non-activité. Elle ne s'étend ni aux officiers placés dans la seconde section du cadre de l'état-major général, ni à ceux qui, maintenus dans la première section comme ayant commandé en chef devant l'ennemi, ont cessé d'être employés activement, ni aux officiers qui, ayant des droits acquis à la retraite, sont envoyés ou maintenus dans leurs foyers, en attendant la liquidation de leur pension.

Sont, en outre, déclarées incompatibles avec le mandat de député toutes les fonctions publiques rétribuées sur les fonds de l'État.

En conséquence, tout fonctionnaire élu député sera remplacé dans ses fonctions, si dans les huit jours qui suivront la vérification des pouvoirs il n'a pas fait connaître qu'il refuse le mandat de député.

Sont exceptées des dispositions précédentes les fonctions de ministre, sous-secrétaire d'État, ambassadeur, ministre plénipotentiaire, préfet de la

Seine, préfet de police, premier président de la Cour de cassation, premier président de la Cour des comptes, premier président de la Cour d'appel de Paris, procureur général près la Cour de cassation, procureur général près la Cour des comptes, procureur général près la Cour d'appel de Paris, archevêque, évêque, pasteur-président du consistoire, dans les circonscriptions consistoriales dont le chef-lieu compte deux pasteurs et au-dessus, grand-rabbin du consistoire central, grand-rabbin du consistoire de Paris.

Sont également exceptés de ces dispositions les professeurs titulaires de chaires qui sont données au concours ou sur la présentation du corps où la vacance s'est produite, les personnes qui ont été chargées d'une mission temporaire, dont la durée ne dépasse pas six mois.

En dehors de ces incompatibilités absolues, il existe des incompatibilités relatives pendant l'exercice de leurs fonctions, dans l'arrondissement ou dans la colonie compris en tout ou en partie dans leur ressort, et pendant les six mois qui suivent la cessation de leurs fonctions, pour les premiers présidents, les présidents et les membres des parquets des cours d'appel, les présidents, vice-présidents, juges titulaires, juges d'instruction et membres du parquet des tribunaux de première instance, le préfet de police, les préfets, les secrétaires généraux des préfectures, les gouverneurs, directeurs de l'intérieur, secrétaires généraux des colonies, les ingénieurs en chef et d'arrondissement, les agents voyers en chef et d'arrondissement, les recteurs et inspecteurs d'académie, les archevêques, évêques et vicaires généraux, les trésoriers-payeurs généraux, les receveurs particuliers des finances, les directeurs des contributions directes et indirectes, de l'enregistrement et des domaines, des postes, les conservateurs et inspecteurs des forêts.

Les sous-préfets ne peuvent être élus dans aucun des arrondissements où ils exercent leurs fonctions. Tout député nommé ou promu à une fonction publique salariée cesse d'appartenir à la Chambre des députés par le fait même de son acceptation, mais il peut être réélu si la fonction qu'il occupe n'est pas incompatible avec le mandat de député.

Le député nommé ministre ou sous-secrétaire d'État n'est pas soumis à la réélection.

Les députés sont nommés par les électeurs inscrits sur les listes dressées en exécution de la loi du 7 juillet 1875, et sur la liste complémentaire comprenant ceux qui résident dans la commune depuis six mois.

La confection de cette liste a lieu ainsi qu'il suit : dans chaque commune divisée en sections électorales, une commission composée du maire ou adjoint ou d'un conseiller municipal, dans l'ordre du tableau, d'un délégué de l'administration désigné par le préfet et d'un délégué choisi par le conseil municipal, est chargée de la dresser.

Lorsque la commune est divisée en plusieurs cantons, le sectionnement devra être opéré de telle sorte qu'une section électorale ne puisse comprendre des portions de territoire appartenant à plusieurs cantons.

Pour Paris et Lyon, la liste est dressée, dans chaque quartier ou section, par une commission composée du maire de l'arrondissement ou d'un adjoint délégué, du conseiller municipal élu dans le quartier ou la section, d'un électeur désigné par le préfet du département.

Les demandes en inscription ou en radiation doivent être formées dans le délai de vingt jours à partir de la publication des listes.

La révision des listes électorales a lieu du 1er au 10 janvier de chaque année.

Le tableau ainsi révisé est déposé le 15 janvier au plus tard au secrétariat de la commune. Le jour même de ce dépôt, avis en est donné par affiches aux lieux accoutumés.

Sont inscrits sur la liste des électeurs municipaux, qui sert également de liste des électeurs politiques, tous les citoyens âgés de vingt et un ans, jouissant de leurs droits civils et politiques et n'étant dans aucun cas d'incapacité prévu par la loi.

Les militaires et assimilés de tous grades des armées de terre et de mer ne peuvent prendre part à aucun vote quand ils sont présents à leurs corps, à leur poste, ou dans l'exercice de leurs fonctions.

Ceux qui, au moment de l'élection, se trouvent en résidence libre, en non-activité, ou en possession d'un congé régulier, peuvent voter dans la commune sur les listes de laquelle ils sont régulièrement inscrits. Les officiers et assimilés qui sont en disponibilité ou dans le cadre de réserve sont dans les mêmes conditions.

Les colléges électoraux sont convoqués par un décret du président de la République inséré au *Journal officiel*. Un intervalle de vingt jours au moins doit exister entre la promulgation du décret et l'ouverture des colléges électoraux.

Pendant la durée de la période électorale, les circulaires et professions de foi signées des candidats, les placards et manifestes électoraux signés d'un ou de plusieurs électeurs peuvent être affichés et distribués, sans autorisation préalable, après dépôt au parquet du procureur de la République.

La distribution des bulletins de vote n'est point soumise à la formalité du dépôt au parquet.

Le vote a lieu au chef-lieu de la commune; néanmoins chaque commune peut être divisée, par arrêté du préfet, en autant de sections que l'exigent les circonstances locales et le nombre des électeurs.

Le scrutin ne dure qu'un jour, et en cas de ballottage ou de non-résultat, le second tour de scrutin a lieu le deuxième dimanche qui suit le jour de la proclamation du résultat du premier scrutin. Le vote est secret.

Les listes d'émargement de chaque section, signées du président et du secrétaire du bureau électoral, demeurent déposées pendant huit jours au secrétariat de la mairie, où elles sont communiquées à tout requérant.

Tout mandat impératif est nul et de non-effet.

Les membres de la Chambre des députés sont élus au scrutin individuel, un par chaque arrondissement administratif. Ils sont nommés pour quatre ans, à partir du jour de leur élection.

L'article 14 de la loi du 30 novembre 1875 porte que les arrondissements dont la population dépasse 100,000 habitants, auront à nommer un député de plus par 100,000 ou fraction de 100,000 habitants.

La loi du 24 décembre de la même année en avait fixé le nombre, que vient encore de modifier la loi du 29 juillet 1881, ainsi qu'on le verra plus loin, à la fin de ce chapitre, au tableau des circonscriptions électorales.

Cette même loi du 29 juillet 1881 augmente la représentation des trois départements de l'Algérie, des colonies de la Martinique, de la Guadeloupe, de la Réunion, et crée une représentation pour la Cochinchine française.

Les colléges électoraux doivent être réunis, autant que possible, un dimanche ou un jour férié ; ils ne peuvent s'occuper que de l'élection pour laquelle ils sont réunis et doivent y procéder sans débat.

Le bureau de chaque collége ou section est composé d'un président, de quatre assesseurs et d'un secrétaire, ce dernier choisi parmi les électeurs.

Le secrétaire n'a que voix consultative dans les délibérations du bureau.

Le maire, les adjoints et conseillers municipaux, ou, à leur défaut, un président désigné par le maire, choisi parmi les électeurs, préside le collége électoral.

A Paris, les sections sont présidées, dans chaque arrondissement, par le maire, les adjoints ou les électeurs désignés par eux.

Au président seul appartient la police de l'assemblée. Les autorités civiles et les commandants militaires sont tenus de déférer à ses réquisitions.

Les assesseurs sont pris, pour les communes, suivant l'ordre du tableau, parmi les conseillers municipaux ; à leur défaut, les assesseurs sont choisis par le président, parmi les deux plus âgés et les deux plus jeunes électeurs présents. Pour Paris, les fonctions d'assesseurs sont remplies, dans chaque section, par les deux plus âgés et les deux plus jeunes électeurs présents.

Trois membres du bureau, au moins, doivent être présents pendant le cours des opérations du collége.

Nul ne peut être admis à voter, s'il n'est inscrit sur la liste électorale; néanmoins sont admis à voter, quoique non inscrits, les citoyens porteurs d'une décision du juge de paix ordonnant leur inscription, ou d'un arrêt de la Cour de cassation annulant un jugement qui aurait prononcé une radiation.

Les électeurs se présentent successivement devant l'urne; ils doivent apporter leur bulletin préparé en dehors de l'assemblée; le papier des bulletins doit être blanc et sans signes extérieurs.

Le vote de chaque électeur est constaté par la signature ou le parafe de l'un des membres du bureau, apposé sur la liste, en marge du nom du votant.

Après la clôture du scrutin, il est procédé au dépouillement des bulletins de vote, sous la surveillance du président et des membres du bureau.

Immédiatement après le dépouillement, le résultat du scrutin est rendu public. Les procès-verbaux des opérations électorales de chaque commune ou section sont rédigés en double. L'un de ces doubles est déposé au secrétariat de la mairie, l'autre est transmis au sous-préfet de l'arrondissement, qui le fait parvenir au préfet du département.

Le recensement général des votes, pour chaque circonscription électorale, se fait au chef-lieu du département, en séance publique, par une commission composée de trois membres du conseil général.

A Paris, le recensement est fait par une commission de cinq membres du conseil général désignés par le préfet de la Seine.

Cette opération est constatée par un procès-verbal.

Le recensement général des votes terminé, le

président de la commission en fait connaître le résultat, et aussitôt après la proclamation du résultat des opérations électorales, les procès-verbaux et les pièces y annexées sont transmis par les soins du préfet au ministre de l'intérieur, qui les transmet au président de la Chambre des députés.

Pour être élu député, il faut réunir, au premier tour de scrutin, la majorité absolue des suffrages exprimés, qui doivent égaler en nombre le quart des électeurs inscrits. Pour le deuxième tour de scrutin, la majorité relative suffit, et en cas d'égalité de suffrages, le plus âgé est élu.

Le député élu dans plusieurs circonscriptions électorales doit faire connaître son option au président de la Chambre des députés dans les dix jours qui suivront la déclaration de la validité de ces élections.

La vérification des pouvoirs des députés a lieu par les bureaux de la Chambre, dans le plus bref délai.

Les procès-verbaux d'élection sont soumis à leur examen; ils sont répartis par ordre alphabétique de départements, et, autant que possible, proportionnellement au nombre total des élections, et examinés par des commissions de cinq membres au moins, formées dans chaque bureau par la voie du sort.

Les députés chargés de faire les rapports sont nommés par les bureaux.

La Chambre prononce sur la validité des élections et le président proclame le nom des députés dont les pouvoirs ont été déclarés valides.

Chacune des Chambres, dit l'article 10 de la loi constitutionnelle du 16 juillet 1875, est juge de l'éligibilité de ses membres et de la régularité de leur élection.

Si le bureau conclut à l'invalidation, la discussion ne peut avoir lieu le jour même de la lecture du rapport à la tribune.

Les députés dont les pouvoirs n'ont pas encore été déclarés valides peuvent prendre part aux délibérations et aux votes; toutefois le droit de voter est suspendu pour tout député dont l'admission a été ajournée par décision de la Chambre.

Les députés non validés ne peuvent déposer aucune proposition de loi.

Les députés reçoivent une indemnité de 9,000 fr.

par an. Cette indemnité peut être saisie, même en totalité.

Voici, par ordre alphabétique, tel qu'il existe après les modifications qui y ont été apportées par la loi du 29 juillet 1881, le tableau des circonscriptions électorales :

DÉPARTEMENTS.	ARRONDISSEMENTS.	NOMBRE de députés par arrondissement.	NOMBRE de députés par département.
Ain	Belley	1	6
	Bourg	2	
	Gex	1	
	Nantua	1	
	Trévoux	1	
Aisne	Château-Thierry	1	8
	Laon	2	
	Saint-Quentin	2	
	Soissons	1	
	Vervins	2	
Allier	Gannat	1	6
	Lapalisse	1	
	Montluçon	2	
	Moulins	2	
Alpes (Basses-)	Barcelonnette	1	5
	Castellane	1	
	Digne	1	
	Forcalquier	1	
	Sisteron	1	
	A reporter	...	25

DÉPARTEMENTS.	ARRONDISSEMENTS.	NOMBRE de députés par arrondissement.	NOMBRE de députés par département.
	Report. . . .	. . .	25
Alpes (Hautes-). . .	Briançon.	1	3
	Embrun	1	
	Gap.	1	
Alpes-Maritimes . .	Grasse.	1	4
	Nice.	2	
	Puget-Théniers. . . .	1	
Ardèche.	Largentière.	2	6
	Privas.	2	
	Tournon	2	
Ardennes	Mézières	1	5
	Rethel.	1	
	Rocroi.	1	
	Sedan	1	
	Vouziers	1	
Ariége.	Foix.	1	3
	Pamiers	1	
	Saint-Girons.	1	
Aube	Arcis-sur-Aube . . .	1	6
	Bar-sur-Aube. . . .	1	
	Bar-sur-Seine. . . .	1	
	Nogent-sur-Seine. . .	1	
	Troyes.	2	
Aude	Carcassonne.	1	4
	Castelnaudary. . . .	1	
	Limoux.	1	
	Narbonne.	1	
	A reporter. . . .	. . .	56

DÉPARTEMENTS.	ARRONDISSEMENTS.	NOMBRE de députés par arrondissement.	NOMBRE de députés par département.
	Report. . . .	. . .	56
Aveyron.	Espalion	1	7
	Millau	1	
	Rodez	2	
	Saint-Affrique. . . .	1	
	Villefranche.	2	
Bouches-du-Rhône .	Aix.	2	7
	Arles	1	
	Marseille.	4	
Calvados.	Bayeux.	1	7
	Caen.	2	
	Falaise.	1	
	Lisieux.	1	
	Pont-l'Évêque. . . .	1	
	Vire.	1	
Cantal.	Aurillac.	1	4
	Mauriac	1	
	Murat	1	
	Saint-Flour.	1	
Charente	Angoulême	2	6
	Barbezieux	1	
	Cognac.	1	
	Confolens.	1	
	Ruffec	1	
Charente-Inférieure.	Jonzac.	1	7
	Marennes.	1	
	Rochefort.	1	
	La Rochelle.	1	
	Saintes.	2	
	Saint-Jean-d'Angély. .	1	
	A reporter. . . .	. . .	94

DÉPARTEMENTS.	ARRONDISSEMENTS.	NOMBRE de députés par arrondissement.	NOMBRE de députés par département.
	Report. . . .	. . .	94
Cher	Bourges	2	5
	Saint-Amand	2	
	Sancerre	1	
Corrèze	Brive	2	5
	Tulle	2	
	Uzel.	1	
Corse.	Ajaccio.	1	5
	Bastia	1	
	Calvi.	1	
	Corte	1	
	Sartène.	1	
Côte-d'Or.	Beaune.	2	6
	Châtillon-sur-Seine. .	1	
	Dijon	2	
	Semur.	1	
Côtes-du-Nord . . .	Dinan	2	9
	Guingamp.	2	
	Lannion	2	
	Loudéac	1	
	Saint-Brieuc.	2	
Creuse.	Aubusson.	2	5
	Bourganeuf	1	
	Boussac	1	
	Guéret.	1	
Dordogne	Bergerac.	2	8
	Nontron	1	
	Périgueux.	2	
	Ribérac.	1	
	Sarlat	2	
	A reporter. . . .	. . .	137

DÉPARTEMENTS.	ARRONDISSEMENTS.	NOMBRE de députés par arrondissement.	NOMBRE de députés par département.
	Report. . . .		137
Doubs	Baume-les-Dames . .	1	5
	Besançon.	2	
	Montbéliard.	1	
	Pontarlier.	1	
Drôme.	Die	1	5
	Montélimar	1	
	Nyons	1	
	Valence.	2	
Eure	Les Andelys.	1	6
	Bernay.	1	
	Évreux.	2	
	Louviers	1	
	Pont-Audemer. . . .	1	
Eure-et-Loir	Chartres	2	5
	Châteaudun.	1	
	Dreux	1	
	Nogent-le-Rotrou. . .	1	
Finistère.	Brest.	3	10
	Châteaulin	2	
	Morlaix.	2	
	Quimper	2	
	Quimperlé.	1	
Gard	Alais.	2	6
	Nîmes	2	
	Uzès.	1	
	Le Vigan.	1	
	A reporter	. . .	174

DÉPARTEMENTS.	ARRONDISSEMENTS.	NOMBRE de députés par arrondissement.	NOMBRE de députés par département.
	Report. . . .	. . .	174
Garonne (Haute-). .	Muret	1	7
	Saint-Gaudens. . . .	2	
	Toulouse.	3	
	Villefranche.	1	
Gers	Auch.	1	5
	Condom	1	
	Lectoure	1	
	Lombez.	1	
	Mirande	1	
Gironde	Bazas	1	11
	Blaye	1	
	Bordeaux.	5	
	Lesparre.	1	
	Libourne.	2	
	La Réole.	1	
Hérault	Béziers	2	6
	Lodève.	1	
	Montpellier.	2	
	Saint-Pons	1	
Ille-et-Vilaine . . .	Fougères.	1	8
	Montfort	1	
	Redon	1	
	Rennes.	2	
	Saint-Malo	2	
	Vitré	1	
Indre	Le Blanc.	1	5
	Châteauroux	2	
	La Châtre	1	
	Issoudun.	1	
	A reporter. . . .	. . .	216

DÉPARTEMENTS.	ARRONDISSEMENTS.	NOMBRE de députés par arrondissement.	NOMBRE de députés par département.
	Report. . . .	. . .	216
Indre-et-Loire . . .	Chinon.	1	4
	Loches.	1	
	Tours	2	
Isère	Grenoble.	3	8
	Saint-Marcellin . . .	1	
	La-Tour-du-Pin . . .	2	
	Vienne.	2	
Jura	Dôle.	1	4
	Lons-le-Saunier . . .	1	
	Poligny	1	
	Saint-Claude	1	
Landes	Dax.	2	5
	Mont-de-Marsan . . .	2	
	Saint-Sever.	1	
Loir-et-Cher	Blois	2	4
	Romorantin.	1	
	Vendôme.	1	
Loire	Montbrison.	2	7
	Roanne	2	
	Saint-Étienne	3	
Loire (Haute-) . . .	Brioude	1	4
	Le Puy.	2	
	Yssingeaux	1	
Loire-Inférieure . .	Ancenis	1	8
	Châteaubriant. . . .	1	
	Nantes.	3	
	Paimbœuf	1	
	Saint-Nazaire	2	
	A reporter. . . .	. . .	260

DÉPARTEMENTS.	ARRONDISSEMENTS.	NOMBRE de députés par arrondissement.	par département.
	Report. . . .	. . .	260
Loiret.	Gien.	1	5
	Montargis.	1	
	Orléans	2	
	Pithiviers.	1	
Lot.	Cahors.	2	4
	Figeac.	1	
	Gourdon	1	
Lot-et-Garonne. . .	Agen.	1	4
	Marmande	1	
	Nérac	1	
	Villeneuve	1	
Lozère.	Florac.	1	3
	Marvejols.	1	
	Mende.	1	
Maine-et-Loire . . .	Angers.	2	7
	Baugé	1	
	Cholet.	2	
	Saumur	1	
	Segré	1	
Manche	Avranches	2	8
	Cherbourg	1	
	Coutances.	2	
	Mortain.	1	
	Saint-Lô	1	
	Valognes	1	
	A reporter. . . .	. . .	291

DÉPARTEMENTS.	ARRONDISSEMENTS.	NOMBRE de députés par arrondissement.	NOMBRE de députés par département.
	Report . . .	. . .	291
Marne	Châlons-sur-Marne . .	1	6
	Épernay	1	
	Reims	2	
	Sainte-Menehould . .	1	
	Vitry-le-François . . .	1	
Marne (Haute-) . . .	Chaumont	1	3
	Langres	1	
	Vassy	1	
Mayenne	Château-Gontier . . .	1	5
	Laval	2	
	Mayenne	2	
Meurthe-et-Moselle.	Briey	1	5
	Lunéville	1	
	Nancy	2	
	Toul	1	
Meuse	Bar-le-Duc	1	4
	Commercy	1	
	Montmédy	1	
	Verdun	1	
Morbihan	Lorient	2	7
	Ploërmel	1	
	Pontivy	2	
	Vannes	2	
Nièvre	Château-Chinon . . .	1	5
	Clamecy	1	
	Cosne	1	
	Nevers	2	
	A reporter . . .	. . .	326

DÉPARTEMENTS.	ARRONDISSEMENTS.	NOMBRE de députés par arrondissement.	NOMBRE de députés par département.
	Report.	...	326
Nord	Avesnes	2	18
	Cambrai	2	
	Douai	2	
	Dunkerque	2	
	Hazebrouck	2	
	Lille	6	
	Valenciennes	2	
Oise	Beauvais	2	5
	Clermont	1	
	Compiègne	1	
	Senlis	1	
Orne	Alençon	1	6
	Argentan	1	
	Domfront	2	
	Mortagne	2	
Pas-de-Calais	Arras	2	10
	Béthune	2	
	Boulogne	2	
	Montreuil	1	
	Saint-Omer	2	
	Saint-Pol	1	
Puy-de-Dôme	Ambert	1	7
	Clermont	2	
	Issoire	1	
	Riom	2	
	Thiers	1	
	A reporter	...	372

DÉPARTEMENTS.	ARRONDISSEMENTS.	NOMBRE de députés par arrondissement.	NOMBRE de députés par département.
	Report. . . .	. . .	372
Pyrénées (Basses-).	Bayonne	2	7
	Mauléon	1	
	Oloron.	1	
	Orthez.	1	
	Pau.	2	
Pyrénées (Hautes-).	Argelès	1	4
	Bagnères.	1	
	Tarbes.	2	
Pyrénées-Orientales.	Céret	1	4
	Perpignan	2	
	Prades.	1	
Rhin (Haut-). . . .	Belfort.	1	1
Rhône.	Lyon	6	8
	Villefranche.	2	
Saône (Haute-). . .	Gray	1	4
	Lure	2	
	Vesoul.	1	
Saône-et-Loire . . .	Autun.	2	9
	Châlon-sur-Saône . .	2	
	Charolles.	2	
	Louhans	1	
	Mâcon.	2	
Sarthe.	La Flèche.	1	6
	Mamers	2	
	Le Mans	2	
	Saint-Calais.	1	
	A reporter. . . .	. . .	415

DÉPARTEMENTS.	ARRONDISSEMENTS.	NOMBRE de députés par arrondissement.	NOMBRE de députés par département.
	Report.	. . .	415
Savoie.	Albertville	1	5
	Chambéry	2	
	Moutiers.	1	
	St-Jean-de-Maurienne.	1	
Savoie (Haute-). . .	Annecy	1	4
	Bonneville	1	
	Saint-Julien.	1	
	Thonon	1	
Seine	Paris	27	32
	Saint-Denis.	3	
	Sceaux.	2	
Seine-Inférieure . .	Dieppe.	2	11
	Le Havre.	3	
	Neufchâtel	1	
	Rouen.	3	
	Yvetot.	2	
Seine-et-Marne. . .	Coulommiers	1	5
	Fontainebleau	1	
	Meaux.	1	
	Melun.	1	
	Provins	1	
Seine-et-Oise. . . .	Corbeil.	1	9
	Etampes	1	
	Mantes.	1	
	Pontoise	2	
	Rambouillet.	1	
	Versailles	3	
	A reporter.	. . .	481

DÉPARTEMENTS.	ARRONDISSEMENTS.	NOMBRE de députés par arrondissement.	NOMBRE de députés par département.
	Report		481
Sèvres (Deux-)	Bressuire	1	5
	Melle	1	
	Niort	2	
	Parthenay	1	
Somme	Abbeville	2	8
	Amiens	2	
	Doullens	1	
	Montdidier	1	
	Péronne	2	
Tarn	Albi	1	5
	Castres	2	
	Gaillac	1	
	Lavaur	1	
Tarn-et-Garonne	Castelsarrazin	1	4
	Moissac	1	
	Montauban	2	
Var	Brignoles	1	4
	Draguignan	1	
	Toulon	2	
Vaucluse	Apt	1	4
	Avignon	1	
	Carpentras	1	
	Orange	1	
Vendée	Fontenay-le-Comte	2	6
	La Roche-sur-Yon	2	
	Les Sables-d'Olonne	2	
	A reporter		517

DÉPARTEMENTS.	ARRONDISSEMENTS.	NOMBRE de députés par arrondissement.	NOMBRE de députés par département.
	Report. . .	. . .	517
Vienne	Châtellerault	1	6
	Civray.	1	
	Loudun	1	
	Montmorillon	1	
	Poitiers	2	
Vienne (Haute-). . .	Bellac.	1	5
	Limoges	2	
	Rochechouart	1	
	Saint-Yrieix.	1	
Vosges.	Epinal.	2	7
	Mirecourt.	1	
	Neufchâteau	1	
	Remiremont.	1	
	Saint-Diè.	2	
Yonne.	Auxerre	2	6
	Avallon	1	
	Joigny.	1	
	Sens	1	
	Tonnerre.	1	
Algérie	Alger	»	2
	Constantine.	»	2
	Oran	»	2
Colonies.	Martinique	»	2
	Guadeloupe.	»	2
	Réunion	»	2
	Inde française. . . .	»	1
	Guyane	»	1
	Sénégal	»	1
	Cochinchine française.	»	1
	TOTAL.	. . .	557

qui forment un total de 557 députés à élire par les départements et les colonies sur la base d'un député par 100,000 habitants ou par fraction de 100,000 habitants.

CHAPITRE V.

Du rôle éventuel des conseils généraux.

L'étude des conseils généraux n'entre point dans le cadre forcément restreint de cet ouvrage, toutefois nous ne saurions les passer complétement sous silence à cause de la part qu'ils sont appelés à prendre, dans certaines circonstances, dans le fonctionnement de la machine parlementaire.

C'est ainsi que nous avons déjà vu, dans le chapitre relatif aux élections sénatoriales, qu'en vertu de l'article 4 de la loi du 24 février 1875, les conseillers généraux font partie du collége électoral pour la nomination des sénateurs ; mais là ne se borne pas encore leur rôle.

La loi du 15 février 1872, autrement dite la loi Tréveneuc, du nom de l'honorable membre de l'Assemblée nationale qui en prit l'initiative, assigne aux conseils généraux, dans des circonstances exceptionnelles, un rôle beaucoup plus considérable.

Si l'Assemblée nationale, ou celles qui lui succéderont, porte cette loi, viennent à être illégalement dissoutes ou empêchées de se réunir, les conseils généraux s'assemblent immédiatement, de plein droit, et sans qu'il soit besoin de convocation spéciale, au chef-lieu de chaque département.

Ils peuvent s'assembler partout ailleurs dans le département, si le lieu habituel de leurs séances ne leur paraît pas offrir les garanties suffisantes pour la liberté de leurs délibérations.

Les conseils ne sont valablement constitués que par la présence de la majorité de leurs membres.

Une assemblée composée de deux délégués élus par chaque conseil général, en comité secret, se réunit dans le lieu où se seront rendus les membres du Gouvernement légal et les députés qui auront pu se soustraire à la violence.

L'assemblée des délégués n'est valablement constituée qu'autant que la moitié des départements, au moins, s'y trouve représentée.

Jusqu'au jour où l'assemblée dont il vient d'être parlé aura fait connaître qu'elle est régulièrement constituée, le conseil général pourvoira d'urgence au maintien de la tranquillité publique et de l'ordre légal; mais une fois l'assemblée constituée, c'est elle qui est chargée de prendre, pour toute la France, les mesures que nécessite le maintien de l'ordre et spécialement celles qui ont pour objet de rendre à l'assemblée dissoute ou empêchée la plénitude de son indépendance et l'exercice de ses droits.

Elle pourvoit provisoirement à l'administration générale du pays, et son rôle cesse aussitôt que l'assemblée dissoute ou empêchée se sera reconstituée par la réunion de la majorité de ses membres, sur un point quelconque du territoire.

Si cette reconstitution ne peut sé réaliser dans le mois qui suit les événements, l'assemblée des délégués doit décréter un appel à la nation pour les élections générales, et ses pouvoirs cessent le jour où la nouvelle assemblée est constituée.

Les décisions de l'assemblée des délégués doivent être exécutées, à peine de forfaiture, par tous les fonctionnaires, agents de l'autorité et commandants de la force publique.

CHAPITRE VI.

De la procédure parlementaire.

I

Aux termes de l'article 1er de la loi constitutionnelle du 25 février 1875, relative à l'organisation des pouvoirs publics, le pouvoir législatif s'exerce par deux assemblées, le Sénat et la Chambre des députés, avec les mêmes droits, les mêmes prérogatives, sous la seule réserve, ainsi que nous l'avons vu, au chapitre III du présent ouvrage, relatif au Sénat, que les lois de finances doivent être en premier lieu présentées à la Chambre des députés et votées par elle.

Ces deux assemblées ont, concurremment avec le Président de la République, l'initiative des lois, c'est-à-dire qu'elles ont le droit de présenter des *propositions* de lois, et la seule différence qui existe dans l'exercice de ce droit commun, est que les projets de lois que présente le Gouvernement sont tout de suite soumis à l'examen d'une commission spéciale nommée par les bureaux, tandis que les propositions de lois émanées de l'initiative parlementaire d'une partie de la Chambre des députés ou du Sénat, ou même d'un seul membre de la Chambre des députés ou du Sénat, sont d'abord soumises à l'examen d'une commission, dite d'initiative parlementaire, qui statue en premier lieu sur leur prise ou non-prise en considération, et si la Chambre des députés ou le Sénat a voté leur prise en considération, elles sont renvoyées aux bureaux qui nomment, comme pour l'examen des projets de lois, une commission spéciale chargée de les étudier.

Une loi spéciale, la loi du 24 février 1875 et la loi organique du 30 novembre de la même année, complétée par les lois du 24 décembre 1875 et du 29 juillet 1881, que nous avons étudiées en détail dans les précédents chapitres, déterminent la composition, le mode de nomination et les attributions de chacune des deux Chambres, qui se réunissent de plein droit, en session ordinaire, à Paris, en vertu de la loi du 19 juin 1879, qui fixe le siége des Chambres à Paris, abrogeant l'article 9 de la loi constitutionnelle du 25 février 1875, qui avait décidé que leur siége serait à Versailles, le second mardi de janvier, à moins d'une convocation antérieure du Président de la République.

Aucune des deux Chambres ne peut siéger isolément, sauf au cas de décès ou de démission du Président de la République dans l'intervalle d'une dissolution de la Chambre des députés, auquel cas le Sénat siége, mais n'a qu'un pouvoir d'intérim.

Le Sénat peut encore siéger isolément lorsqu'il est constitué en haute cour de justice pour juger soit le Président de la République, soit les ministres, ou pour connaître des attentats commis contre la sûreté de l'État.

Les Chambres peuvent se réunir sans convocation du Président de la République dans le cas où, quinze jours avant l'expiration des pouvoirs du Président de la République, aucune convocation ne leur aurait été faite.

La durée d'une session doit être de cinq mois au moins, mais elle peut se prolonger au delà de ce temps si les intérêts du pays l'exigent, et dans tous les cas la session ne peut se clore que par un décret de clôture du Président de la République.

II.

A la séance d'ouverture de chaque session ordinaire, le doyen d'âge de chacune des deux Chambres préside l'Assemblée et les plus jeunes membres, en nombre fixé par le règlement, six pour le Sénat, huit pour la Chambre des députés, remplissent les fonctions de secrétaires jusqu'à l'élection du bureau définitif.

On entend par *Bureau* le collége du président, des vice-présidents, des secrétaires et des questeurs, bureau qu'il ne faut pas confondre avec la division mensuelle des membres de l'une et de l'autre Assemblée en un certain nombre de groupes, neuf pour le Sénat, onze pour la Chambre des députés, et qui forment les divers bureaux des deux Chambres.

Ces bureaux sont tirés au sort, par le Président, en séance publique, au commencement de la séance d'ouverture et cette opération se renouvelle chaque mois.

Les bureaux une fois composés, nomment chacun leur président et leur ou leurs secrétaires ; et c'est à l'examen de ces bureaux que le président de l'Assemblée renvoie les procès-verbaux des élections des membres de l'Assemblée.

Plusieurs membres, cinq au moins, sont choisis au sort dans chaque bureau pour former une commission d'examen. Un d'entre ces membres est spécialement chargé de faire un rapport sur le ou les dossiers d'élection dont la commission a été saisie et d'en soumettre les conclusions, au bureau d'abord, puis à la Chambre, en séance publique, qui en les adoptant ou en les rejetant, prononce la validation ou l'invalidation du membre.

Dès qu'un certain nombre de membres, égal à la moitié plus un du nombre total des membres composant l'Assemblée, ont été validés, l'Assemblée procède à la nomination de son président, de ses vice-présidents, de ses secrétaires et de ses questeurs, et fait connaître à l'autre Chambre, ainsi qu'au Président de la République, qu'elle est constituée.

Au Sénat, dans les quelques jours qui suivent la séance d'ouverture, chaque bureau nomme un ou deux commissaires, — selon l'importance de la commission à former, — pour faire partie des deux commissions annuelles : celle des finances, chargée d'étudier toutes les lois budgétaires qui sont transmises au Sénat après le vote préalable de la Chambre des députés, et celle de comptabilité, chargée d'étudier toutes les questions de comptabilité intérieure du Sénat, ainsi que quatre commissions mensuelles : 1° d'initiative parlementaire, dont les attributions consistent à examiner les diverses propositions de lois présentées par les membres de l'Assemblée et à statuer en premier lieu sur leur prise on non-prise en considération, sans préjudicier en rien à la décision de l'Assemblée ; 2° d'intérêt local, chargée d'examiner les divers projets ou propositions de lois affectant des intérêts locaux, tels que, par exemple, des autorisations d'emprunt par les départements et les villes, des échanges de terrains entre l'État et les particuliers, des créations et des prorogations d'octrois, les impositions extraordinaires relatives aux départements et aux villes, en un mot toutes les questions d'intérêt local proprement dit ; 3° des pétitions, qui, ainsi que son nom l'indique, étudie les pétitions adressées à l'Assemblée et statue, d'après le rôle que lui fournit un service administratif spécial, dit service des pétitions, sur la suite qu'il convient de donner à chacune d'elles, et enfin, 4° des congés, qui accorde ou refuse les congés demandés par les membres de l'Assemblée.

Toute demande de congé non ratifiée par le président ou par un des membres quelconque de la commission, entraîne suspension du traitement du sénateur ou du député pendant la durée du congé refusé. C'est pour cette raison de pure comptabilité que souvent il arrive qu'une demande de congé est examinée longtemps après que le congé est expiré.

La Chambre des députés nomme également, et dans la même forme, la commission de comptabilité, les quatre commissions mensuelles d'initiative parlementaire, d'intérêt local, des pétitions, des congés, avec la différence proportionnelle au nombre des bureaux, c'est-à-dire qu'étant composée de onze bureaux, tandis que le Sénat n'en compte que neuf, elle nomme onze commissaires pour ces commissions qui ne comportent qu'un membre par bureau, et vingt-deux pour celles qui en comportent deux, alors que le Sénat n'en nomme que neuf ou dix-huit.

Pour la commission du budget, correspondant à

la commission des finances du Sénat, la Chambre ne procède à sa formation que lorsque le budget a été déposé sur le bureau de la Chambre, en séance publique.

En outre de ces six commissions, il en existe d'autres, en nombre facultatif, chargées d'étudier tous les projets et toutes les propositions de lois qui sont soumis aux votes des deux Assemblées.

Elles sont nommées par les bureaux dans les mêmes formes que précédemment.

III.

Quand le Gouvernement, par l'organe d'un ministre, ou d'un sous-secrétaire d'État, agissant au nom du ministre, dépose sur le bureau de l'une ou de l'autre Chambre un projet de loi quelconque, le projet ést immédiatement envoyé à l'impression; une fois imprimé, il est distribué à tous les membres de la Chambre, qui se réunissent dans leurs bureaux respectifs, vingt-quatre heures au plus tôt après la distribution du projet de loi — sauf lorsque l'urgence a été déclarée, en séance publique, au moment du dépôt par le ministre, auquel cas les bureaux peuvent se réunir immédiatement pour nommer la commission chargée de l'examiner — pour désigner un ou deux membres pris dans chaque bureau, qui seront chargés de former une commission, laquelle prendra, de ce moment, le nom du projet de loi qu'elle a mission d'examiner.

Dès que la commission est nommée, le président de l'Assemblée la convoque sans délai pour qu'elle ait à se constituer, c'est-à-dire à procéder à la nomination de son président et de son secrétaire.

A partir de ce moment, c'est au président de la commission qu'appartient la direction des travaux dont la commission est saisie.

La commission présente à l'Assemblée un rapport, dont la rédaction a été confiée à l'un de ses membres qu'elle a dû désigner à cet effet, au moment qui lui a semblé opportun.

Le rapporteur dépose sur le bureau de l'Assemblée, en séance publique, au nom de la commission, le rapport, dont les conclusions serviront de base à la discussion.

Le président de l'Assemblée ordonne l'impression et la distribution du rapport, dans les mêmes formes que pour le texte du projet de loi; toutefois un membre de l'Assemblée peut en demander la lecture immédiate.

Si aucune objection n'est soulevée, il est procédé à cette lecture; en cas de contestation, le président consulte l'Assemblée.

La discussion des conclusions du rapport ne peut être mise à l'ordre du jour de la séance publique que vingt-quatre heures, au plus tôt, après la distribution du rapport, excepté si l'urgence est déclarée, auquel cas il peut y être immédiatement procédé.

Pendant la durée de leurs travaux, les commissions communiquent directement avec les ministres et peuvent mander devant elles toute personne dont l'avis leur semble utile à obtenir.

Lorsqu'il s'agit de l'examen d'une proposition de loi due à l'initiative parlementaire, c'est-à-dire d'une proposition de loi présentée par un groupe de membres ou par un membre unique, la procédure suit une marche plus compliquée.

L'auteur ou les auteurs de la proposition la portent en séance publique sur le bureau de l'Assemblée; le président en ordonne l'impression et la distribution, ainsi que le renvoi à la commission d'initiative parlementaire.

Cette commission examine sommairement la proposition de loi et présente à l'Assemblée un rapport concluant à la prise ou non-prise en considération de la proposition.

Si l'Assemblée vote la prise en considération, quelles que soient d'ailleurs les conclusions du rapport sommaire, la proposition de loi est adressée aux bureaux, et dès lors elle est soumise à la même procédure que celle qui est en usage pour les projets de loi présentés par le Gouvernement, c'est-à-dire qu'elle est renvoyée aux bureaux, qui nomment une commission chargée de l'examiner.

Un des membres de la commission, désigné pour faire le rapport, dépose ce rapport manuscrit sur le bureau de l'Assemblée et en donne lecture, si cette lecture est réclamée.

Après lecture faite, ou après simple dépôt, le président propose à l'Assemblée de fixer le jour de la discussion publique.

Le rapport est imprimé et distribué aux membres de l'Assemblée, et, sauf le cas de déclaration d'urgence, la discussion ne peut commencer que vingt-quatre heures au moins après la distribution du rapport.

Aussitôt le rapport déposé, et non auparavant, les orateurs peuvent se faire inscrire, pour prendre la parole pour ou contre les conclusions du rapport, sur des feuilles d'inscription que détiennent, à cet effet, les secrétaires de l'Assemblée, et, au jour fixé pour la discussion publique, la parole est donnée à chacun des orateurs inscrits, selon son rang d'inscription, alternativement à ceux qui doivent combattre ou soutenir les conclusions du rapport.

Aucun projet, aucune proposition de loi, sauf le cas d'urgence, n'est votée définitivement qu'après deux délibérations, à des intervalles qui ne peuvent être moindres de cinq jours.

Les lois de finances et celles d'intérêt local ne sont soumises qu'à une seule délibération.

Le vote a lieu par mains levées pour les articles, à moins d'une demande de scrutin signée de vingt membres, et au scrutin pour l'ensemble.

Les lois d'intérêt local se votent par mains levées. Une nouvelle disposition du règlement des deux Chambres a supprimé le scrutin pour toutes les lois autres que celles de finances, mais le scrutin peut néanmoins être toujours réclamé, il suffit d'une demande de vingt membres.

La formalité de la demande d'urgence diffère selon que cette demande est faite par le Gouvernement ou par un membre de l'Assemblée.

Lorsque la demande d'urgence est faite par le Gouvernement, l'Assemblée, consultée, décide immédiatement s'il y a lieu de donner suite à la demande qui lui est présentée.

Si l'urgence est réclamée pour une proposition émanée de l'initiative parlementaire, le membre ou les membres qui font cette demande doivent la déposer, par écrit, entre les mains du président, au début de la séance. Le président en donne connaissance à l'Assemblée, et le vote n'a lieu qu'à la fin de la séance; il y est procédé avant la fixation de l'ordre du jour.

Cette distinction entre les formalités de la demande d'urgence faite par le Gouvernement et celle faite par un membre de l'Assemblée est absolument spéciale au règlement du Sénat, la Chambre des députés les traite de la même façon.

La première délibération porte d'abord sur l'ensemble, c'est ce qu'on appelle la discussion générale, puis sur les articles et les amendements qui s'y rattachent.

Les amendements, c'est-à-dire les modifications à apporter au texte de l'article de la loi, sont toujours mis aux voix avant l'article lui-même.

Les paragraphes additionnels sont mis aux voix après l'article auquel ils se rapportent.

Quant aux amendements qui demandent la suppression d'un article, ils ne sont pas mis aux voix, et les membres de l'Assemblée, partisans de l'amendement, n'ont qu'à voter contre l'article quand il est soumis à leur vote.

Ensuite l'Assemblée décide si elle veut passer à une deuxième délibération.

A la deuxième délibération, il est procédé au vote de chaque article et des amendements qui s'y rapportent, et après que chaque article a été voté séparément, l'ensemble du projet ou de la proposition de loi, se composât-il d'un article unique, est soumis à nouveau au vote de l'Assemblée qui l'adopte ou le rejette dans son entier.

Le résultat du vote est proclamé par le président en ces termes : « le Sénat ou la Chambre a adopté », ou « le Sénat ou la Chambre n'a pas adopté ».

IV.

Si l'Assemblée était unique, une fois la loi votée, elle serait transmise au ministre chargé de la faire exécuter et dès lors l'Assemblée n'aurait plus à s'en occuper; mais dans l'état actuel des choses, défini par les lois constitutionnelles des 24 et 25 février 1875, le Pouvoir législatif appartient à deux Chambres et la loi ne revêt son véritable caractère législatif qu'après avoir obtenu l'assentiment des deux Chambres, du Sénat et de la Chambre des députés, sans aucune priorité de l'une sur l'autre, excepté en ce qui concerne les matières de finances.

Les lois constitutionnelles n'ont point réglé les rapports qui doivent exister entre les deux Chambres, et ce sont les règlements spéciaux des deux Chambres qui les ont établis.

Si les deux Chambres ont été saisies de projets ou de propositions de lois sur le même objet, et si la délibération est commencée dans l'une des deux Chambres, la seconde ne met les projets et les propositions de lois à son ordre du jour qu'après le vote définitif de la première Chambre. Dans le cas où l'une des deux Chambres est saisie avant l'autre d'un projet de loi, après le vote définitif, conformément à la procédure que nous avons indiquée ci-avant, le projet de loi est transmis par le président de l'Assemblée au ministre qui en fait la présentation, sous condition à celui-ci de le porter à l'autre Chambre dans le délai d'un mois.

Si le Gouvernement ne le présente pas à l'autre Chambre dans le mois qui suit, un des membres de cette Chambre peut reprendre le projet, — qui devient alors une proposition de loi, et est soumis à la procédure ordinaire pour les propositions de lois, — et le président de cette Chambre, après que la loi a été votée, la transmet alors directement au président de l'autre Chambre.

Le délai d'un mois est réduit à trois jours, dans le cas où une décision spéciale a déclaré que la transmission aurait lieu d'urgence.

Quand il s'agit d'une proposition de loi votée par l'une des deux Chambres, elle est transmise directement par le président de cette Chambre au président de l'autre Chambre, après avis de cet envoi donné au Gouvernement.

Les propositions de lois émanées de l'initiative

parlementaire, votées par l'une des deux Chambres et transmises au président de l'autre Chambre, sont examinées conformément aux règles suivies pour les projets présentés par le Gouvernement, c'est-à-dire qu'elles ne sont plus soumises à la prise en considération et qu'elles sont renvoyées de droit aux bureaux qui nomment une commission spéciale pour examiner chacune d'elles.

Dans le cas où la première Chambre a déclaré l'urgence, la seconde Chambre doit être consultée sur la même question.

Si la seconde Chambre adopte sans modification les projets ou les propositions de lois votés par la première, le président de la seconde Chambre transmet la loi, cette fois revêtue de son caractère définitif de loi, au Président de la République, par l'intermédiaire du ministre compétent. Mais lorsque ces projets ou ces propositions de lois ont été modifiés par la seconde Chambre, la première peut, ou mettre de nouveau ces projets et ces propositions en délibération, ou les soumettre de nouveau aux bureaux, ou bien les envoyer aux anciennes commissions qui les ont déjà examinés et qu'on reforme à cet effet. Elle peut également, sur la demande d'un de ses membres, décider qu'une commission spéciale sera chargée d'entrer en conférence avec une commission de l'autre Chambre, dans le but de s'entendre sur un texte commun.

Chacune des deux Chambres donne les pouvoirs, à cet effet, à une commission composée de onze membres, élus au scrutin de liste. Si les deux commissions tombent d'accord, la commission nommée par la première Chambre fait un rapport à cette Assemblée, qui délibère sur cette nouvelle rédaction.

Si l'Assemblée n'adopte pas la rédaction nouvelle, ou bien si les commissions ne s'entendent pas entre elles, le projet ou la proposition de loi ne pourra être portée à l'ordre du jour de la première Chambre, avant le délai de deux mois, que sur l'initiative du Gouvernement.

V.

Maintenant que nous avons vu comment s'effectuent les rapports des Chambres entre elles, il nous reste à examiner leurs rapports avec le Pouvoir exécutif et la façon dont le Président de la République et les ministres entrent en relations avec le Parlement.

Le Président de la République, conformément aux prescriptions de l'article 6 de la loi du 16 juillet 1875, communique avec les Chambres par des messages qui sont lus à la tribune par un ministre.

La Constitution lui accorde, en outre, le droit, dans le délai fixé pour la promulgation des lois, de demander aux Chambres, par un message motivé, une nouvelle délibération qui ne saurait lui être refusée.

En dehors de ces deux cas où le Président de la République intervient directement vis-à-vis des Chambres, il faut encore mentionner ceux où il a le droit de demander au Sénat la dissolution de la Chambre des députés, — dissolution qui ne peut avoir lieu que sur l'avis conforme du Sénat, — et la faculté de provoquer la réunion des deux Chambres en Assemblée nationale, dans le but de procéder à la révision des lois constitutionnelles, réunion toujours subordonnée à l'assentiment de chacune des deux Chambres, consultée séparément et à la majorité absolue des voix.

Dans toutes les autres circonstances, ce sont les

ministres qui interviennent auprès des Chambres, soit qu'il s'agisse de la présentation d'un projet de loi, soit qu'il s'agisse d'explications à donner au Parlement sur la politique intérieure ou extérieure.

Les Chambres ont plusieurs moyens de provoquer les déclarations ministérielles, ce sont : 1° la question ; 2° l'interpellation.

Tout membre de chacune des deux Chambres peut adresser des questions aux ministres, au commencement et à la fin de chaque séance. Avis est donné de la teneur de ces questions aux ministres auxquels elles sont adressées ; ils y répondent tout de suite ou réclament un certain temps pour en étudier l'objet.

Au Sénat, le membre qui veut poser une question à un ministre doit même s'assurer d'avance du consentement du ministre auquel il a l'intention de la poser.

Après que le ministre a répondu, le membre seul qui a posé la question a le droit de répliquer sommairement ; nul autre que lui ne peut intervenir, ni directement, ni indirectement dans le débat. Aucune conclusion n'y est donnée, mais il est toujours loisible à l'auteur de la question de la transformer en interpellation.

Les formes parlementaires de l'interpellation sont plus solennelles et plus compliquées.

Tout membre qui veut faire une interpellation en remet la demande écrite au président du Sénat ou de la Chambre des députés.

Cette demande indique sommairement l'objet de l'interpellation; le président en donne lecture à l'Assemblée, qui, après avoir entendu un des membres du Gouvernement, d'ordinaire le ministre auquel s'adresse l'interpellation, ou tout autre parlant en son nom, fixe sans débat le jour où l'interpellation sera discutée.

Le ministre peut réclamer tel délai qui lui semble nécessaire pour approfondir l'objet de l'interpellation. Toutefois, les interpellations sur la politique intérieure ne peuvent être renvoyées au delà d'un mois.

Quand l'interpellation vient en discussion, elle peut se terminer de plusieurs façons: d'abord l'auteur de l'interpellation peut se déclarer satisfait et abandonner son interpellation, puis la Chambre peut demander la question préalable, c'est-à-dire refuser d'entendre et de discuter l'interpellation ; puis encore elle peut demander, à la fin de la discussion, qu'il soit passé à l'ordre du jour pur et simple, c'est-à-dire qu'aucune suite, ni qu'aucune conclusion n'y sera donnée ; — l'ordre du jour pur et simple, ayant la priorité, est toujours mis aux voix avant tout ordre du jour motivé, — et enfin l'interpellation peut se terminer par un ordre du jour motivé, qui n'est, à proprement parler, qu'un vote de blâme ou de confiance donné à la politique du ministre auquel s'adresse l'interpellation.

TABLE

Nancy. — Imprimerie Berger-Levrault et Cie.

www.ingramcontent.com/pod-product-compliance
Ingram Content Group UK Ltd.
Pitfield, Milton Keynes, MK11 3LW, UK
UKHW021602260726
13993UKWH00002B/998

9 782329 139746